Impressum
Verlag: BABADADA GmbH, Nedderfeld 112 , 22529 Hamburg
Geschäftsführer / Verlagsleitung: Harald Hof
Druck: Books on Demand GmbH, In de Tarpen 42, 22848 Norderstedt

Imprint
Publisher: BABADADA GmbH, Nedderfeld 112 , 22529 Hamburg, Germany
Managing Director / Publishing direction: Harald Hof
Print: Books on Demand GmbH, In de Tarpen 42, 22848 Norderstedt, Germany

skole

школа

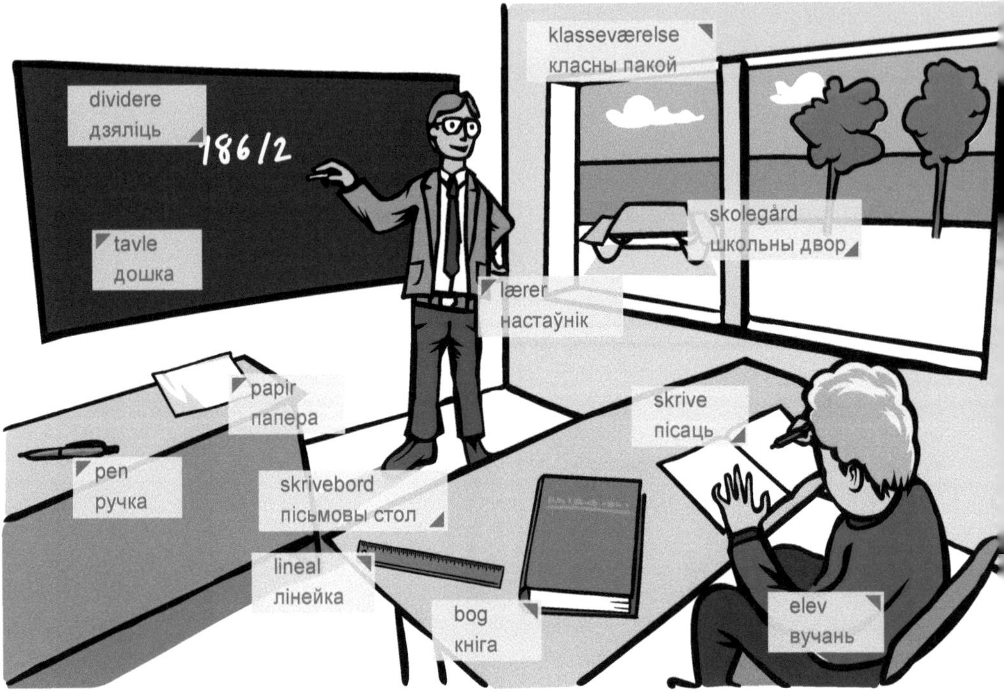
klasseværelse
класны пакой
dividere
дзяліць
186/2
tavle
дошка
skolegård
школьны двор
lærer
настаўнік
papir
папера
skrive
пісаць
pen
ручка
skrivebord
пісьмовы стол
lineal
лінейка
bog
кніга
elev
вучань

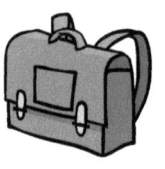

skoletaske

ранец

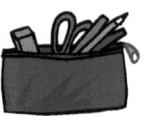

penalhus

пенал

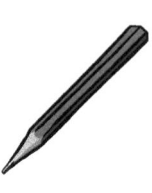

blyant

просты аловак

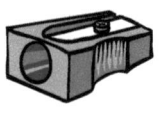

blyantspidser

тачылка для алоўкаў

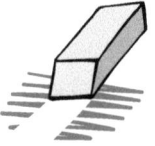

viskelæder

гумка

tegneblok

альбом для малявання

tegning

малюнак

pensel

пэндзлік

æske med vandfarver

фарбы

saks

нажніцы

lim

клей

opgavehefte

сшытак

lektie

хатняе заданне

tal

лік

2+2

addere

дадаваць

5-2

subtrahere

адымаць

2×2

multiplicere

множыць

regne

лічыць

A

bogstav

літара

ABCDEFG HIJKLMN OPQRSTU VWXYZ

alfabet

алфавіт

ord

слова

tekst

тэкст

læse

чытаць

kridt

крэйда

time

ўрок

klasseprotokol

класны журнал

eksamen

экзамен

karakterbog

атэстат

skoleuniform

школьная форма

uddannelse

адукацыя

leksikon

энцыклапедыя

universitet

універсітэт

mikroskop

мікраскоп

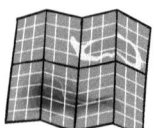

kort

карта

papirkurv

смеццевы кошык

skole - школа

rejse

падарожжа

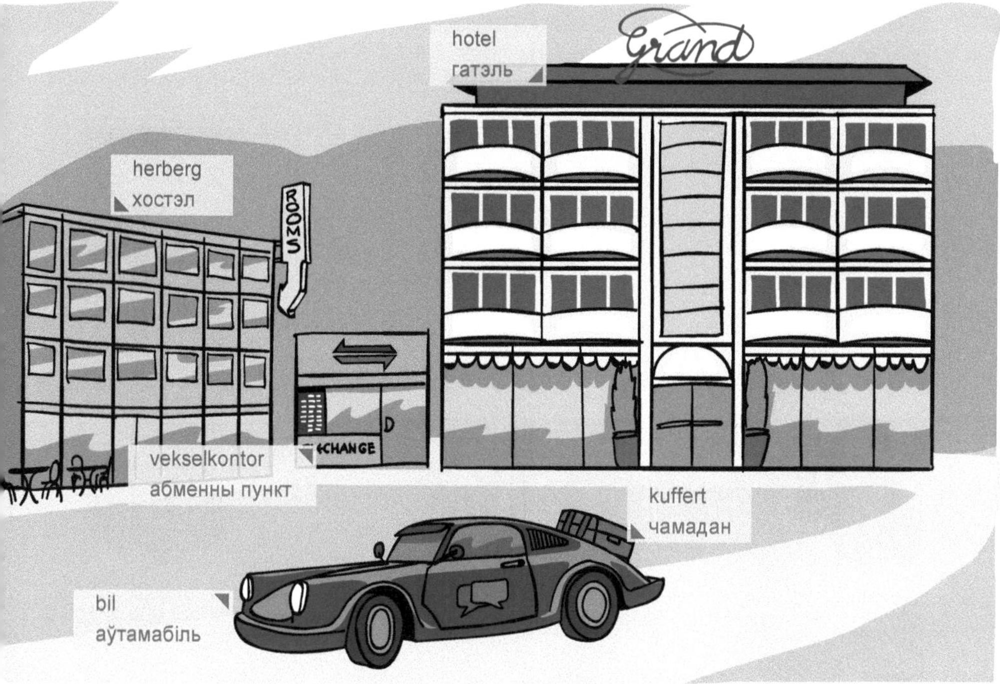
hotel
гатэль
Grand
herberg
хостэл
ROOMS
EXCHANGE
vekselkontor
абменны пункт
kuffert
чамадан
bil
аўтамабіль

sprog
мова

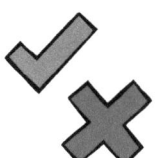

ja / nej
так / не

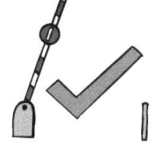

okay
добра

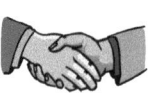

hej
прывітанне!

oversætter
перекладчык

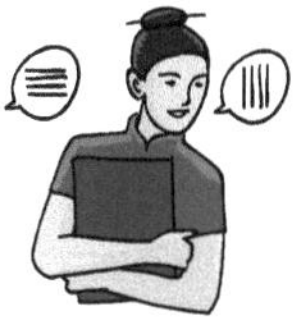

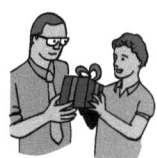

tak
дзякуй

hvad koster...?

Колькі каштуе....?

Jeg forstår ikke

я не разумею

problem

праблема

God aften!

Добры вечар!

God morgen!

Добрай раніцы!

God nat!

Дабранач!

farvel

да пабачэння

retning

кірунак

bagage

багаж

taske

сумка

rygsæk

заплечнік

gæst

госць

værelse

пакой

sovepose

спальны мяшок

telt

палатка

turistinformation

фармацыя для турыстаў

strand

пляж

kreditkort

крэдытная картка

morgenmad

снеданне

middagsmad

абед

aftensmad

вячэра

billet

праязны білет

elevator

ліфт

frimærke

паштовая марка

grænse

мяжа

told

мытня

ambassade

пасольства

visum

віза

pas

пашпарт

transport
транспарт

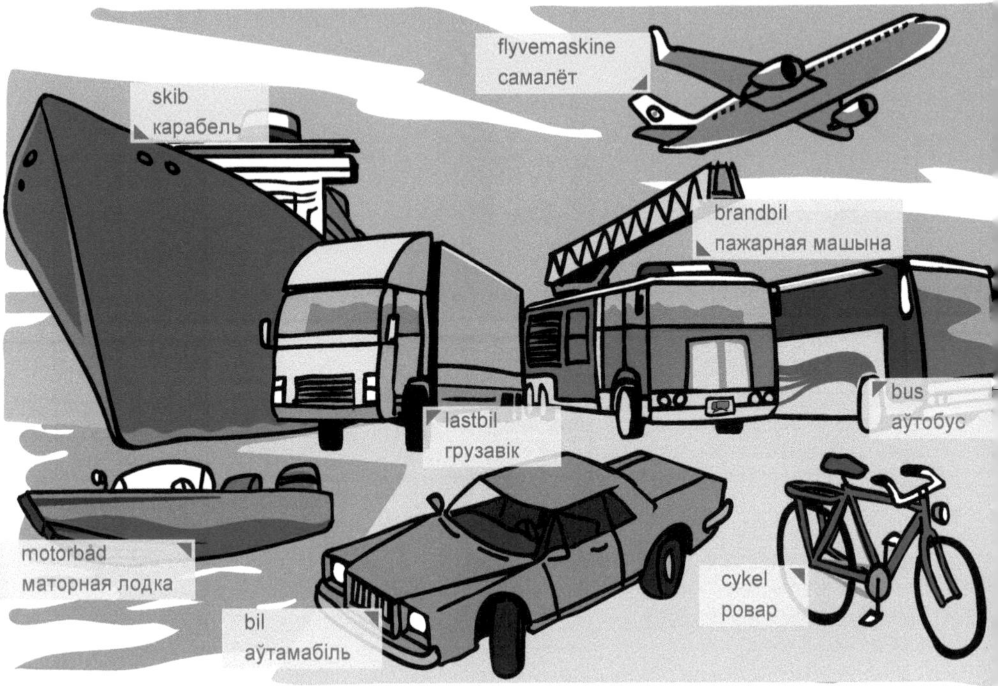
flyvemaskine
самалёт
skib
карабель
brandbil
пажарная машына
bus
аўтобус
lastbil
грузавік
motorbåd
маторная лодка
cykel
ровар
bil
аўтамабіль

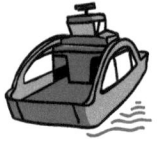

færge

паром

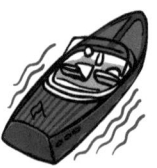

båd

лодка

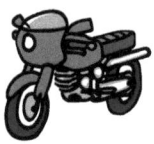

motorcykel

матацыкл

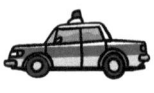

politibil

паліцэйская машына

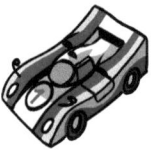

racerbil

гоначны аўтамабіль

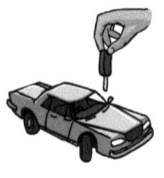

lejebil

арэндаваны аўтамабіль

samkørsel

сумеснае карыстанне
аўтамабілем

kranbil

эвакуатар

skraldebil

смеццявоз

motor

матор

benzin

паліва

tankstation

запраўка

trafikskilt

дарожны знак

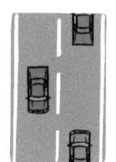

trafik

дарожны рух

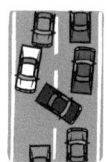

trafikprop

затор

parkeringsplads

паркоўка

banegård

чыгуначная станцыя

skinner

рэйкі

tog

цягнік

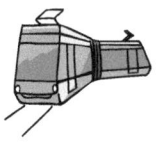

sporvogn

трамвай

wagon

вагон

helikopter
верталёт

lufthavn
аэрапорт

tårn
вежа

passager
пасажыр

container
кантэйнер

karton
кардонная скрыня

kærre
тачка

kurv
карзіна

starte / lande
ўзлятаць / прызямляцца

by
горад

landsby
вёска

bymidte
цэнтр горада

hus
дом

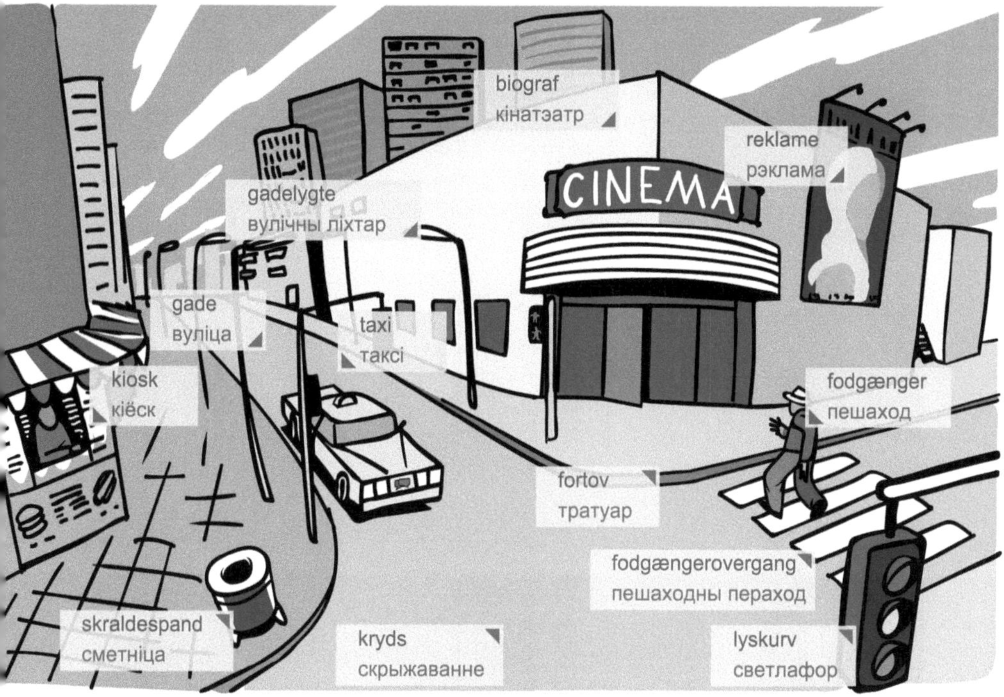

biograf
кінатэатр

reklame
рэклама

gadelygte
вулічны ліхтар

gade
вуліца

taxi
таксі

kiosk
кіёск

fodgænger
пешаход

fortov
тратуар

fodgængerovergang
пешаходны пераход

skraldespand
сметніца

kryds
скрыжаванне

lyskurv
святлафор

CINEMA

hytte

халупа

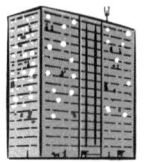

lejlighed

кватэра

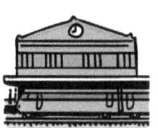

banegård

чыгуначная станцыя

rådhus

ратуша

museum

музей

skole

школа

universitet

універсітэт

bank

банк

sygehus

шпіталь

hotel

гатэль

apotek

аптэка

kontor

офіс

boghandel

кнігарня

butik

крама

blomsterbutik

кветкавая крама

supermarked

супермаркет

marked

кірмаш

stormagasin

універмаг

fiskehandler

рыбная крама

butikscenter

гандлевы цэнтр

havn

порт

park

парк

bænk

лава

bro

мост

trappe

лесвіца

undergrundsbane

метро

tunnel

тунэль

busstoppested

прыпынак

barnevogn

бар

restaurant

рэстаран

postkasse

паштовая скрыня

vejskilt

вулічны паказальнік

parkometer

паркамат

zoo

заапарк

badeanstalt

басейн

moske

мячэць

bondegård

сядзіба

miljøforurening

забруджванне
навакольнага асяроддзя

kirkegård

могілкі

kirke

царква

legeplads

пляцоўка для гульні

tempel

храм

landskab

краявід

blad
ліст

vejviser
паказальнік

vej
дарога

eng
луг

sten
камень

træ
дрэва

vandrer
падарожнік

flod
рака

græs
трава

blomst
кветка

dal

даліна

bjerg

гара

sø

возера

skov

лес

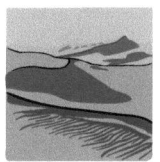

ørken

пустыня

vulkan

вулкан

slot

замак

regnbue

вясёлка

svamp

грыб

palme

пальма

moskito

камар

flue

муха

myre

мурашка

bi

пчала

edderkop

павук

bille

жук

frø

жаба

egern

вавёрка

pindsvin

вожык

hare

заяц

ugle

сава

fugl

птушка

svane

лебедзь

vildsvin

дзік

hjort

алень

elg

лось

dæmning

плаціна

vindmølle

вятрак

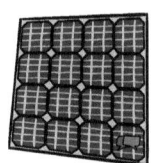

solcellemodul

сонечная батарэя

klima

клімат

tjener
афіцыянт

spisekort
меню

stol
крэсла

suppe
суп

pizza
піца

borddug
абрус

bestik
сталовыя прыборы

forret
закуска

hovedret
другая страва

dessert
дэсерт

drikkevarer
напоі

mad
ежа

flaske
бутэлька

fastfood

хуткае харчаванне (фаст-фуд)

streetfood

стрыт-фуд

tekande

імбрык (чайнік)

sukkerdåse

цукарніца

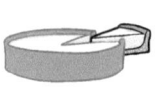

portion

порцыя

espressomaskine

эспрэса-машына

barnestol

дзіцячае крэселка

faktura

рахунак

tablet

паднос

kniv

нож

gaffel

відэлец

ske

лыжка

teske

чайная лыжка

serviet

сурвэтка

glas

шклянка

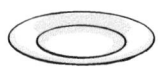

tallerken

талерка

dyb tallerken

супавая талерка

underkop

сподак

sovs

соус

saltbøsse

сальніца

peberkværn

млынок для перцу

eddike

воцат

olie

алей

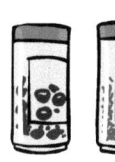

krydderier

спецыі

ketchup

кетчуп

sennep

гарчыца

mayonnaise

маянэз

supermarked

супермаркет

tilbud
акцыя
FOR
kunde
пакупнік
mælkeprodukter
малочныя прадукты
frugt
садавіна
indkøbsvogn
вазок

BUTCHERS

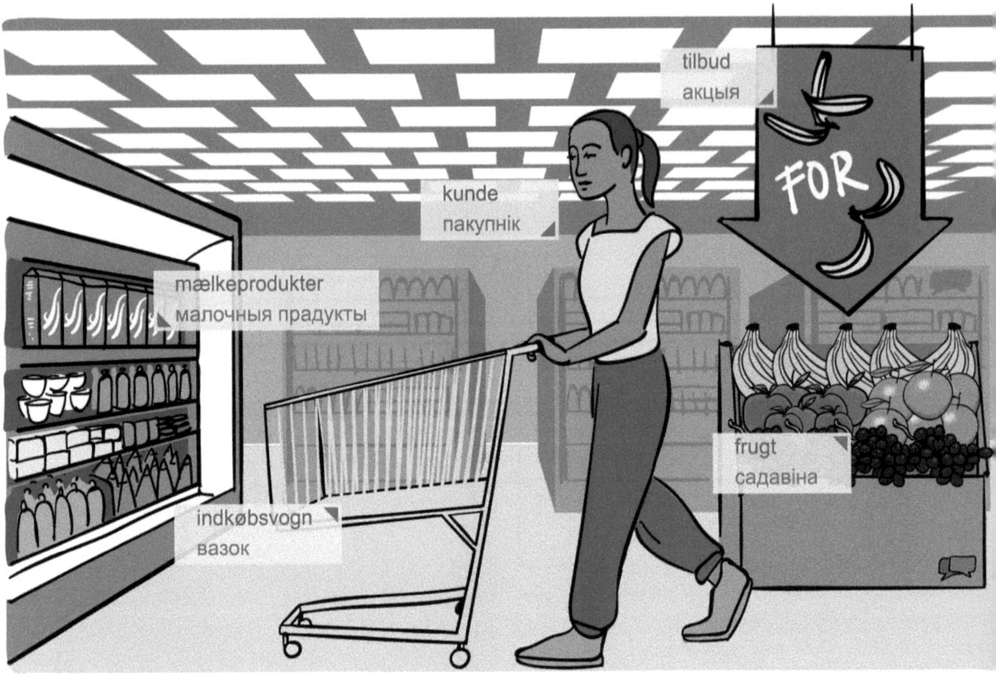

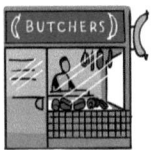

slagter

мясная крама

BAKERY

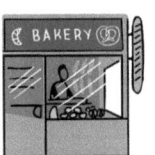

bageri

хлебны магазін

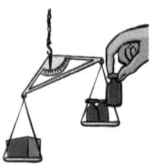

veje

важыць

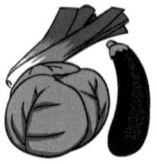

grøntsager

гароднiна

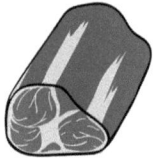

kød

мяса

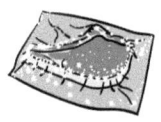

frostvarer

свежазамарожаныя прадукты

pålæg

нарэзка

konserves

кансервы

vaskemiddel

пральны парашок

slik

прысмакі

husholdningsvarer

хатнія прылады

rengøringsmidler

чысцячы сродак

ekspedient

прадавец

kasse

каса

kasserer

касір

indkøbsliste

спіс пакупак

åbningstider

гадзіны працы

tegnebog

бумажнік

kreditkort

крэдытная картка

taske

сумка

plasticpose

пакет

supermarked - супермаркет

vand

вада

saft

сок

mælk

малако

cola

кола

vin

віно

øl

піва

alkohol

алкаголь

kakao

какава

te

гарбата (чай)

kaffe

кава

espresso

эспрэса

cappuccino

капучына

banan

банан

æble

яблык

appelsin

апельсін

melon

дыня

citron

лімон

gulerod

морква

hvidløg

часнок

bambus

бамбук

løg

цыбуля

svamp

грыб

nødder

арэхі

nudler

локшына

spaghetti

спагеці

ris

рыс

salat

салата

pomfritter

бульба фры

stegte kartofler

смажаная бульба

pizza

піца

hamburger

гамбургер

sandwich

бутэрброд

schnitzel

шніцаль

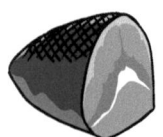

skinke

вяндліна

salami

салямі

pølse

каўбаса

kylling

курыца

steg

смажаніна

fisk

рыбак

havregryn

аўсяныя камякі

mysli

мюслі

cornflakes

кукурузныя шматкі

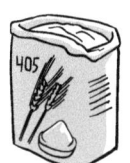

mel

мука

croissant

круасан

rundstykke

булачка

brød

хлеб

toast

тост

kiks

пячэнне

smør

масла

kvark

тварог

kage

пірог

æg

яйка

spejlæg

яечня

ost

сыр

is
мaрожанae

sukker
цукар

honning
мёд

marmelade
варэнне

nougat-creme
нуга

karry
кары

bondegård
сядзіба

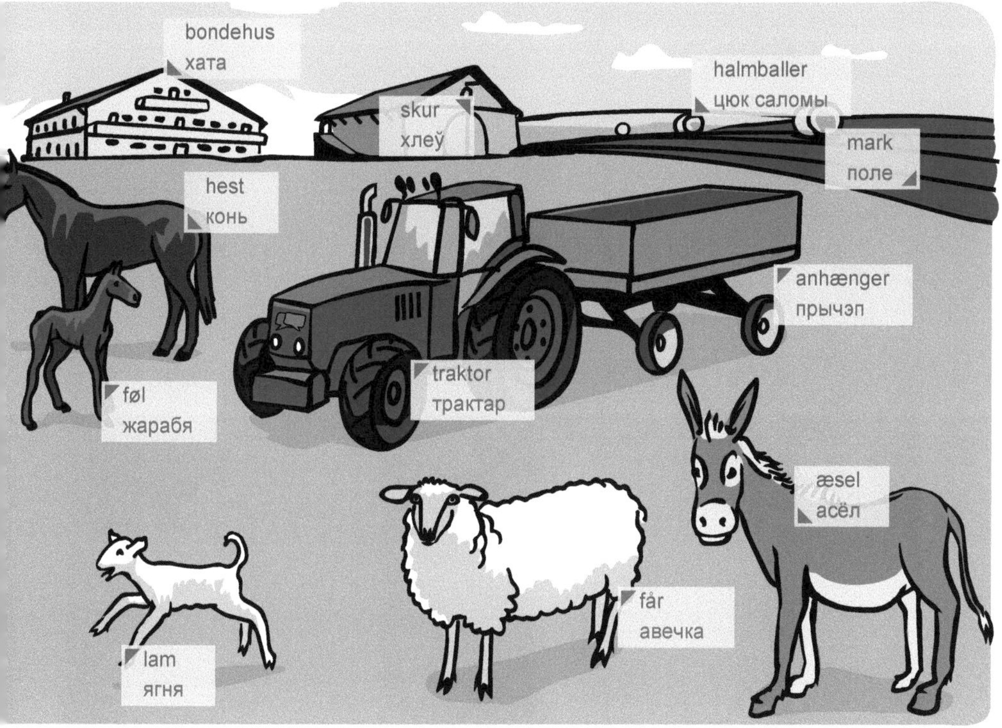
bondehus
хата
skur
хлеў
halmballer
цюк саломы
mark
поле
hest
конь
anhænger
прычэп
traktor
трактар
føl
жарабя
æsel
асёл
får
авечка
lam
ягня

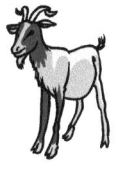

ged

каза

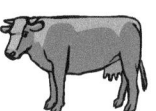

ko

карова

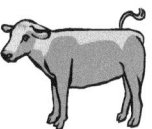

kalv

цяля

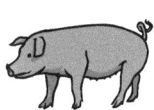

svin

свіння

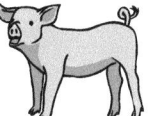

gris

парася

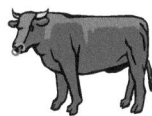

tyr

бык

gås

гусак

and

качка

kylling

кураня

høne

курыца

hane

певень

rotte

пацук

kat

кот

mus

мыш

okse

вол

hund

сабака

hundehus

сабачая будка

haveslange

садовы шланг

vandkande

палівачка

le

каса

plov

плуг

segl

серп

hakkejern

матыка

møggreb

вілы для гною

økse

сякера

trillebør

тачка

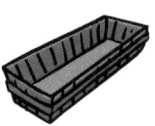

trug

карыта

mælkekande

бітон для малака

sæk

мех

hæk

плот

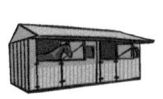

stald

хлеў

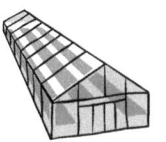

drivhus

цяпліца

jord

глеба

frø

насенне

gødning

угнаенне

mejetærsker

камбайн

høste

збіраць ураджай

høst

ураджай

yams

ямс

hvede

пшаніца

soja

соя

kartoffel

бульба

majs

кукуруза

raps

рапс

frugttræ

садовае дрэва

maniok

маніёк

korn

збожжа

skorsten
комін

tag
дах

tagrende
вадасцёк

vindue
акно

garage
гараж

dørklokke
званок

dør
дзверы

skraldespand
вядро для смецця

postkasse
паштовая скрыня

have
сад

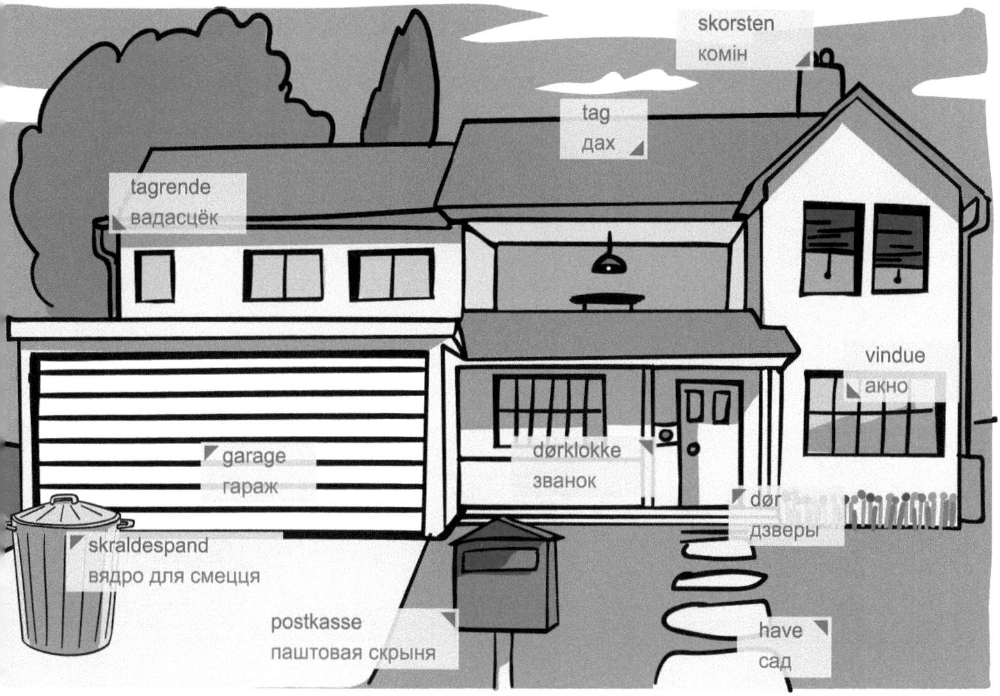

stue

жылы пакой

badeværelse

ванная

køkken

кухня

soveværelse

спальны пакой

børneværelse

дзіцячы пакой

spisestue

сталоўка

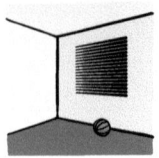

gulv

падлога

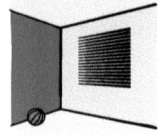

væg

сцяна

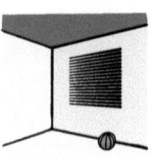

loft

столь

kælder

падвал

sauna

саўна

altan

балкон

terrasse

тэраса

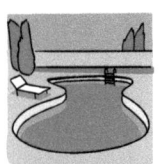

svømmehal

басейн

plæneklipper

касілка

dynebetræk

падкоўдранік

dyne

коўдра

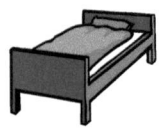

seng

ложак

kost

венік

spand

вядро

kontakt

выключальнік

stue

жылы пакой

tapet
шпалеры
billede
малюнак
lampe
лямпа
reol
паліца
skab
шафа
fjernsyn
тэлевізар
pejs
камін
blomst
кветка
pude
падушка
sofa
канапа
vase
ваза
fjernbetjening
пульт

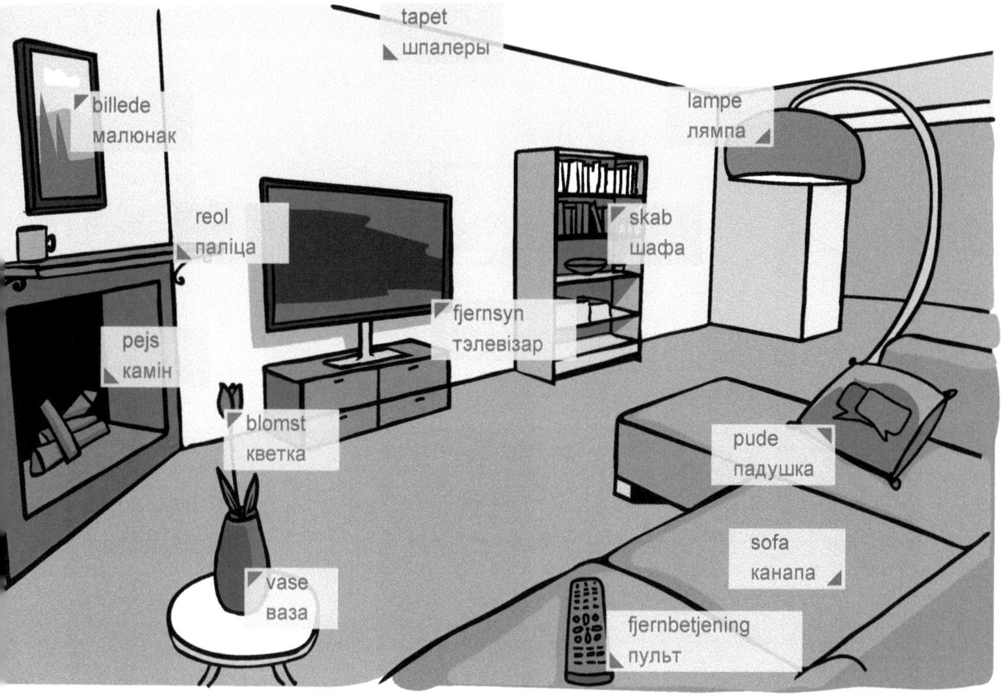

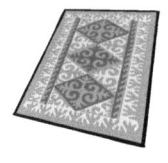

gulvtæppe

дыван

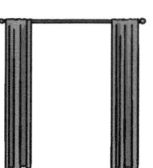

gardin

фіранка

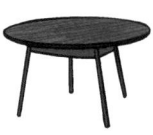

bord

стол

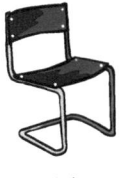

stol

крэсла

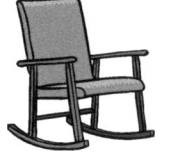

gyngestol

крэсла-качалка

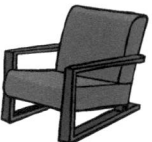

lænestol

крэсла

bog

кніга

tæppe

коўдра

dekoration

дэкарацыя

brænde

дровы

film

кіно

stereoanlæg

стэрэасістэма

nøgle

ключ

avis

газета

maleri

карціна

plakat

постар

radio

радыё

notesblok

нататнік

støvsuger

пыласос

kaktus

кактус

lys

свечка

køkken
кухня

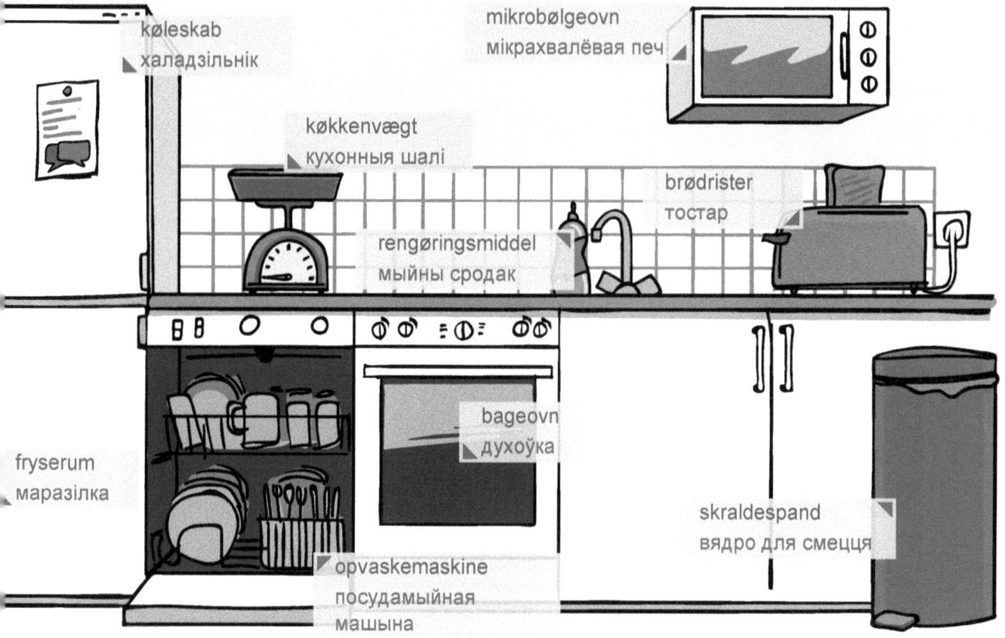
køleskab
халадзільнік
mikrobølgeovn
мікрахвалёвая печ
køkkenvægt
кухонныя шалі
brødrister
тостар
rengøringsmiddel
мыйны сродак
bageovn
духоўка
fryserum
маразілка
skraldespand
вядро для смецця
opvaskemaskine
посудамыйная машына

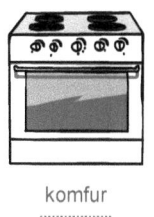

komfur

пліта

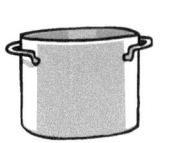

gryde

рондаль

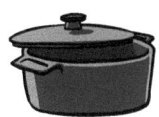

jerngryde

чыгунок

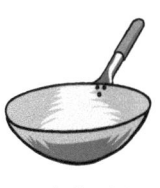

wok / kadai

Вок / кадаі

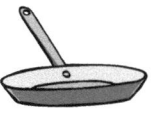

pande

патэльня

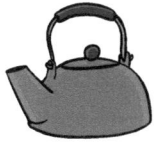

elkedel

чайнік

dampkoger

параварка

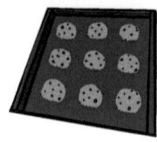

bageplade

бляха

service

посуд

bæger

кубак

skål

міска

spisepinde

палачкі для ежы

øseske

чарпак

paletkniv

лапатачка

piskeris

збівалка

dørslag

сіта для варэння

si

сіта

rive

тарка

morter

ступка

grille

грыль

ildsted

вогнішча

skærebræt

дошка

kagerulle

качалка

proptrækker

штопар

dåse

бляшанка

dåseåbner

адкрывалка

grydelap

прыхваткі

køkkenvask

ракавіна

børste

шчотка

svamp

губка

blender

міксер

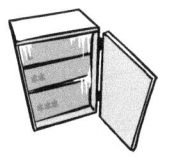

dybfryser

маразільная камера

sutteflaske

бутэлечка

vandhane

вадаправодны кран

badeværelse

ванная

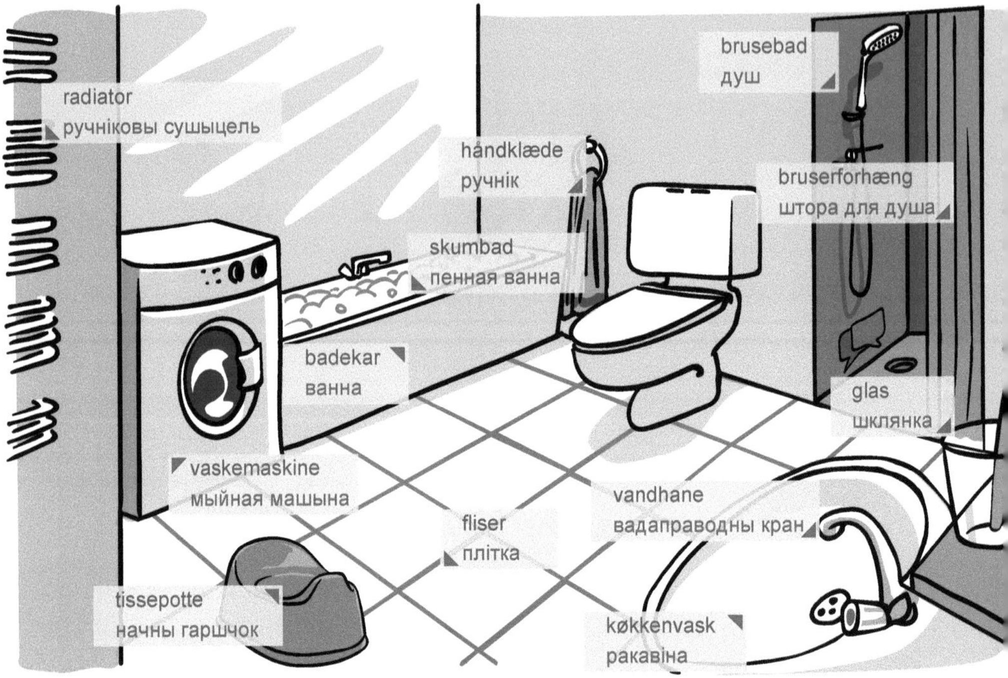

brusebad
душ
radiator
ручніковы сушыцель
håndklæde
ручнік
bruserforhæng
штора для душа
skumbad
пенная ванна
badekar
ванна
glas
шклянка
vaskemaskine
мыйная машына
vandhane
вадаправодны кран
fliser
плітка
tissepotte
начны гаршчок
køkkenvask
ракавіна

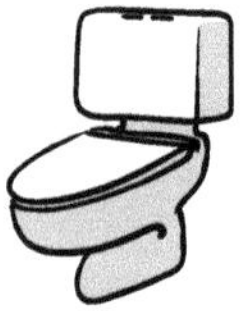

toilet

туалет

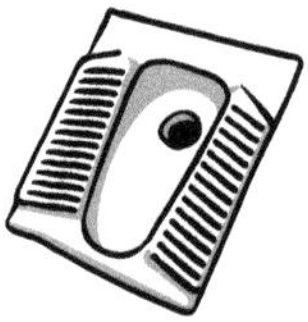

hugsiddende toilet

падлогавы ўнітаз

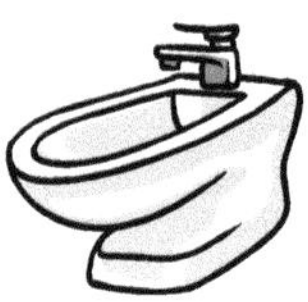

bidet

бідэ

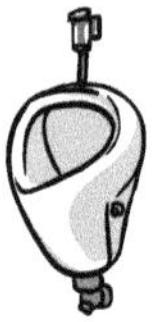

pissoir

пісуар

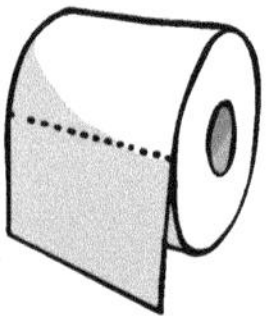

toiletpapir

туалетная папера

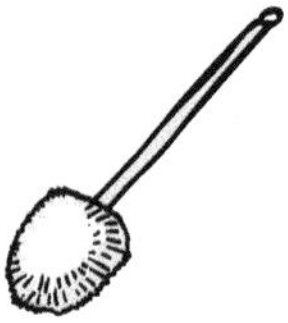

toiletbørste

шчотка для чысткі ўнітаза

tandbørste

зубная шчотка

tandpasta

зубная паста

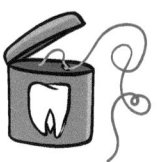

tandtråd

зубная нітка

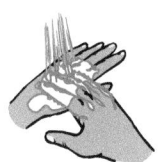

vaske

мыць

håndbruser

ручны душ

intimbruser

інтымны душ

vaskefad

умывальнік

badebørste

шчотка для спіны

sæbe

мыла

brusegele

гель для душа

shampoo

шампунь

vaskeklud

вяхотка

afløb

вадасцёк

creme

крэм

deodorant

дэзадарант

spejl

люстэрка

kosmetikspejl

касметычнае люстэрка

barberhøvl

станок для галення

barberskum

пена для галення

barbervand

ласьён пасля галення

kam

грэбень

børste

шчотка

hårtørrer

фен

hårspray

лак для валасоў

makeup

касметыка

læbestift

памада

neglelak

лак для пазногцяў

vat

вата

neglesaks

манікюрныя нажніцы

parfume

духі

toilettaske

касметычка

skammel

табурэтка

vægt

вагі

badekåbe

лазневы халат

gummihandsker

санітарныя пальчаткі

tampon

тампон

damebind

гігіенічныя пракладкі

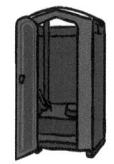

kemisk toilet

біятуалет

børneværelse

дзіцячы пакой

vækkeur
будзільнік
bamse
мяккая цацка
legetøjsbil
цацачная машынка
skralde
бразготка
dukkehus
лялечны домік
gave
падарунак

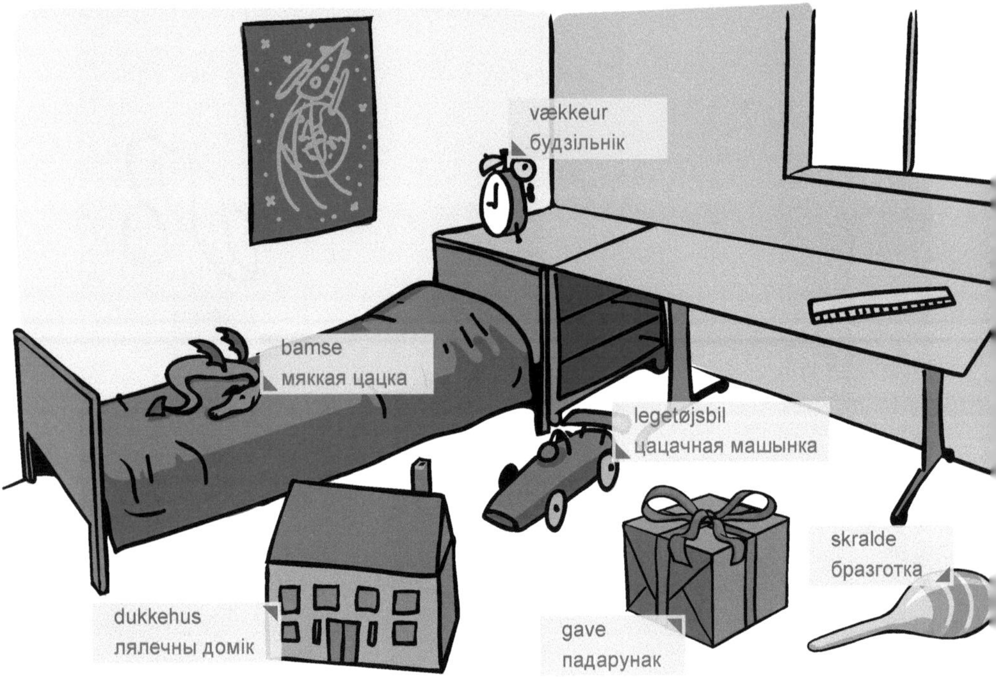

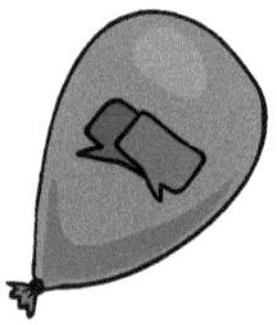

ballon

надзіманы шарык

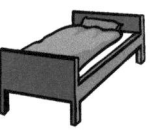

seng

ложак

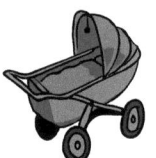

barnevogn

дзіцячая каляска

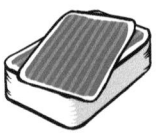

kortspil

калода картаў

puslespil

пазл

SUPER MEGA

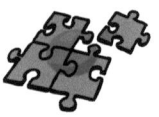

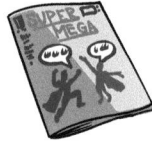

tegneserie

комікс

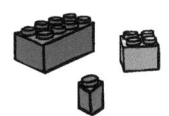

legoklodser

канструктар "Лега"

byggeklodser

канструктар

action figur

экшэн-фігурка

sparkedragt

дзіцячы гарнітур

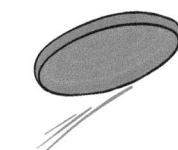

frisbee

фрызбі

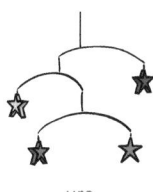

uro

дзіцячы мабіль

brætspil

настольная гульня

terning

кубік

modeljernbane

дзіцячая чыгунка

sut

пустышка

fest

дзіцячае свята

billedbog

кніга з малюнкамі

bold

мячык

dukke

лялька

lege

гуляцца

sandkasse

пясочніца

gynge

арэлі

legetøj

цацкі

spillekonsol

гульнявая відэа прыстаўка

trehjulet cykel

трохколавы ровар

bamse

плюшавы мішка

klædeskab

шафа

tøj

адзенне

sokker

шкарпэткі

strømper

панчохі

strømpebukser

калготкі

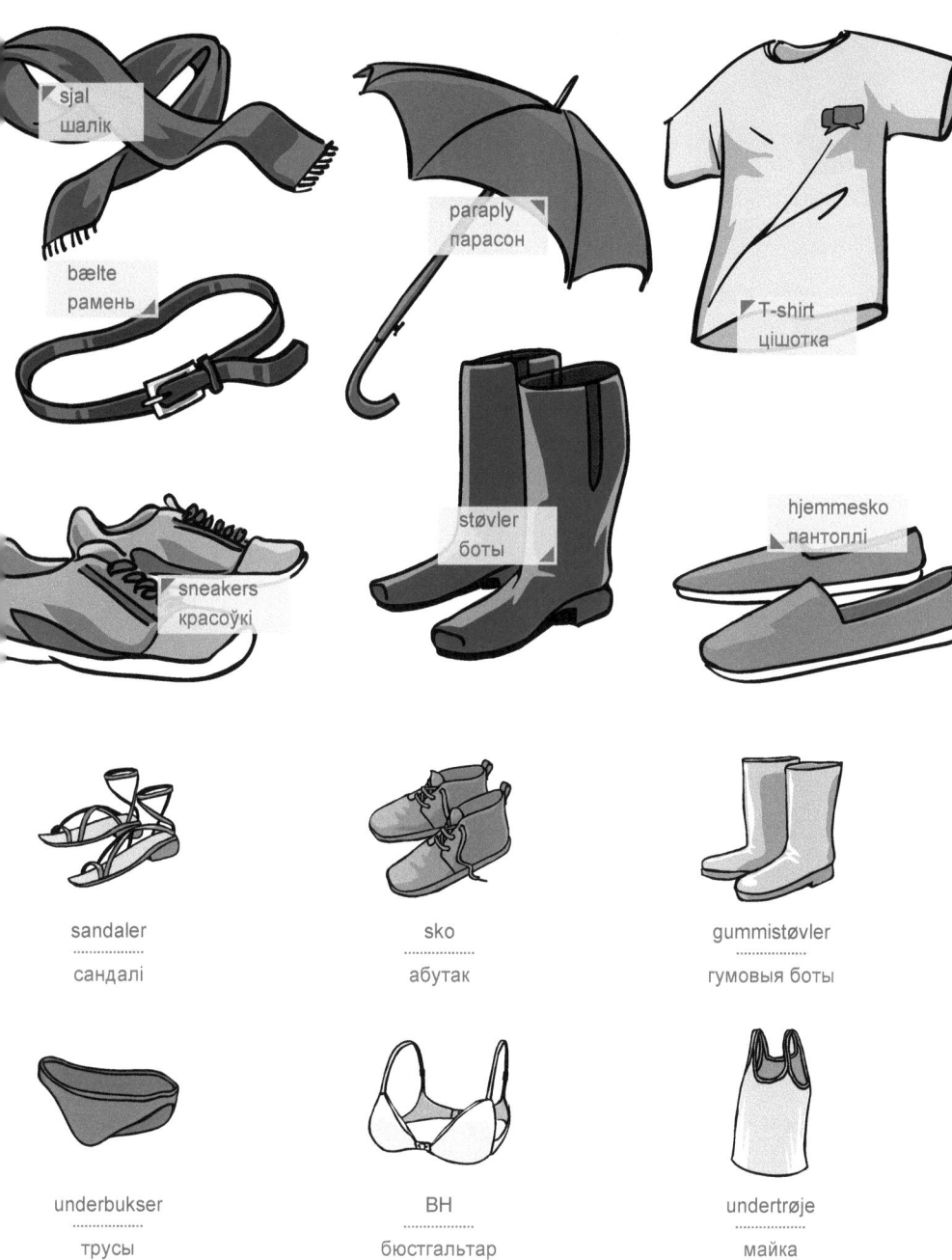

sjal
шалік

paraply
парасон

T-shirt
цішотка

bælte
рамень

sneakers
красоўкі

støvler
боты

hjemmesko
пантоплі

sandaler
сандалі

sko
абутак

gummistøvler
гумовыя боты

underbukser
трусы

BH
бюстгальтар

undertrøje
майка

body

бодзі

bukser

штаны

jeans

джынсы

nederdel

спадніца

bluse

блузка

skjorte

кашуля

pullover

джэмпер

sweatshirt

талстоўка

blazer

блэйзер

jakke

куртка

frakke

паліто

regnfrakke

дажджавік

kostume

касцюм

kjole

сукенка

brudekjole

вясельная сукенка

jakkesæt

касцюм

nattrøje

начная сарочка

pyjamas

піжама

sari

сары

hovedtørklæde

хустка

turban

цюрбан

burka

паранджа

kaftan

каптан

abaya

Абая

badedragt

купальнік

badebukser

плаўкі

korte bukser

шорты

træningsdragt

спартыўны касцюм

forklæde

фартух

handsker

пальчаткі

knap

гузік

briller

акуляры

armbånd

бранзалет

kæde

каралі

ring

кальцо

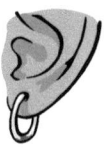

ørering

завушніца

hue

кепка

bøjle

вешалка

hat

капялюш

slips

гальштук

lynlås

маланка

hjelm

шлем

seler

падцяжкі

skoleuniform

школьная форма

uniform

уніформа

hagesmæk

нагруднік

sut

пустышка

ble

падгузнік

kontor
офіс

arkivskab
канцылярская шафа

server
сервер

skærm
манітор

papir
папера

printer
прынтэр

mus
мыш

skrivebord
пісьмовы стол

mappe
тэчка

tastatur
клавіятура

papirkurv
смеццевы кошык

computer
кампутар

stol
крэсла

kaffekrus

ак для кавы (філіжанка)

lommeregner

калькулятар

internet

інтэрнэт

bærbar

ноўтбук

brev

ліст

besked

паведамленне

mobil

мабільны тэлефон

netværk

сетка

kopimaskine

ксеракс

software

праграмнае забеспячэнне

telefon

тэлефон

stikdåse

разетка

fax

факс

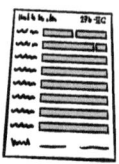

formular

фармуляр

dokument

дакумент

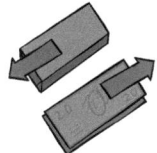

købe
кУпляць

betale
плаціць

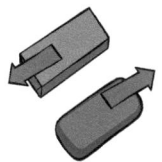

handle
гандляваць

penge
грошы

dollar
долар

euro
еўра

yen
ена

rubel
рубель

schweizerfranc
франк

renminbi yuan
кітайскі юань

rupee
рупія

hæveautomat
банкамат

vekselkontor

абменны пункт

guld

золата

sølv

срэбра

olie

нафта

energi

энергія

pris

цана

kontrakt

кантракт

skat

падатак

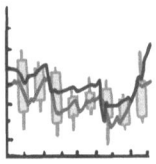

aktie

акцыя

arbejde

працаваць

ansat

служачы

arbejdsgiver

працадаўца

fabrik

фабрыка

butik

крама

erhverv
прафесii

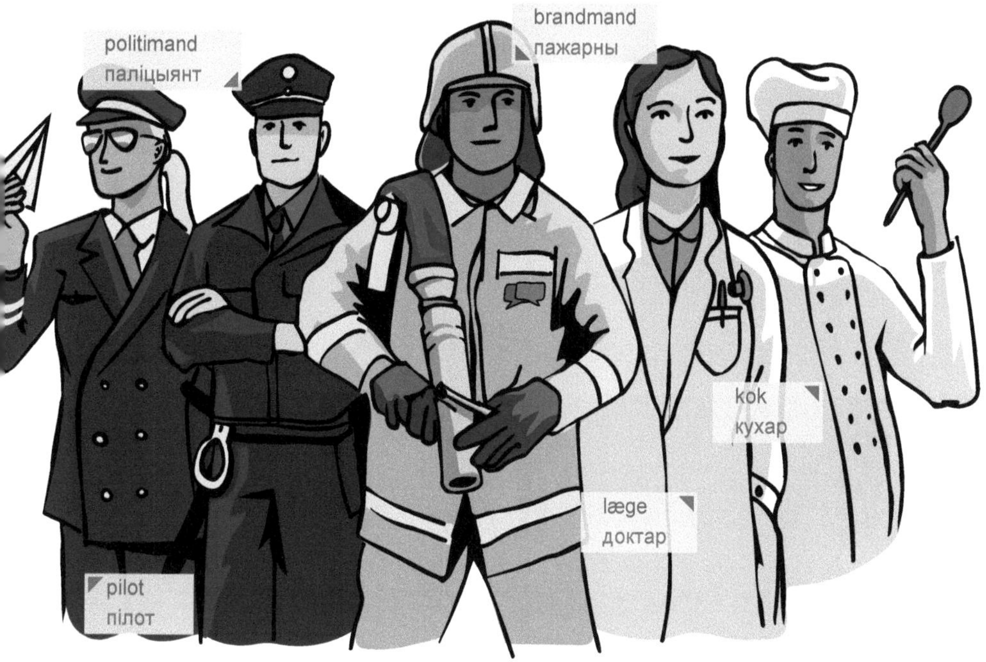
brandmand
пажарны
politimand
паліцыянт
kok
кухар
læge
доктар
pilot
пілот

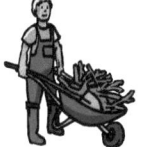

gartner

садоўнік

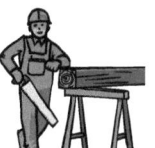

tømrer

слесар

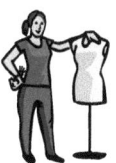

syerske

швачка

dommer

суддзя

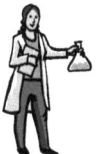

kemiker

хімік

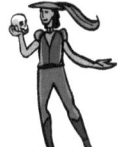

skuespiller

артыст

buschauffør

кіроўца аўтобуса

taxachauffør

таксіст

fisker

рыбак

rengøringskone

прыбіральшчыца

tagdækker

страхар

tjener

афіцыянт

jæger

паляўнічы

maler

мастак

bager

пекар

elektriker

электрык

bygningsarbejder

будаўнік

ingeniør

інжынер

slagter

мяснік

vvs-mand

сантэхнік

postbud

паштальён

soldat

салдат

arkitekt

архітэктар

kasserer

касір

blomsterhandler

фларыст

frisør

цырульнік

togfører

кандуктар

mekaniker

механік

kaptajn

капітан

tandlæge

стаматолаг

videnskabsmand

вучоны

rabbiner

рабін

imam

імам

munk

манах

præst

святар

værktøj
інструменты

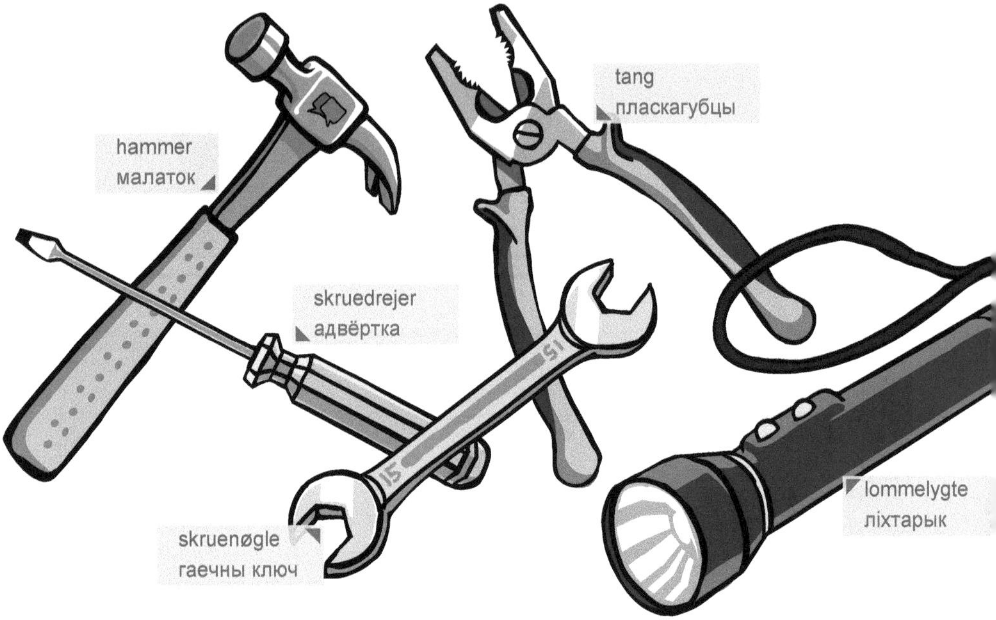
hammer
малаток
tang
пласкагубцы
skruedrejer
адвёртка
lommelygte
ліхтарык
skruenøgle
гаечны ключ

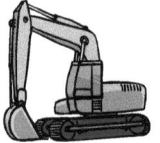

gravemaskine

экскаватар

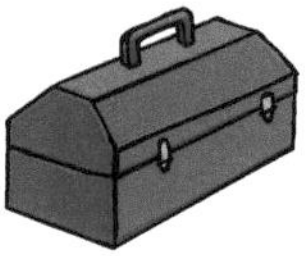

værktøjskasse

скрыня для інструментаў

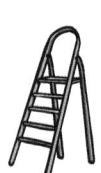

stige

дравіны

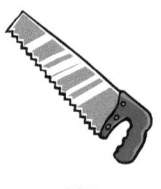

sav

піла

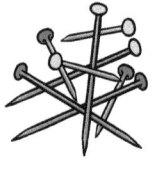

søm

цвікі

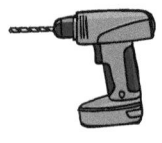

bor

дрыль

reparere

рамантаваць

skovl

рыдлеўка

Lort!

Халера!

fejebakke

шуфлік для смецця

malerspand

вядро з фарбаю

skruer

балты

musikinstrumenter
музычныя інструменты

trommer
ударны інструмент

højttaler
калонкі

guitar
гітара

kontrabas
кантрабас

trompet
труба

klaver

піяніна

violin

скрыпка

bas

басгітара

pauke

літаўры

tromme

барабан

keyboard

клавішны электрамузычны інструмент

saxofon

саксафон

fløjte

флейта

mikrofon

мікрафон

zoo

заапарк

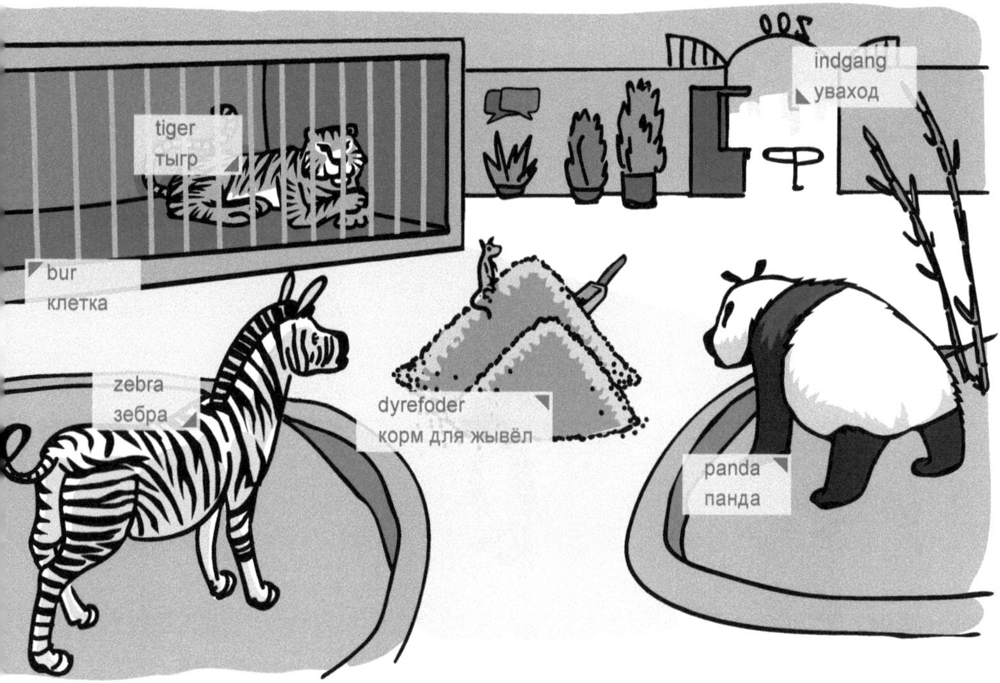

indgang
уваход
tiger
тыгр
bur
клетка
zebra
зебра
dyrefoder
корм для жывёл
panda
панда

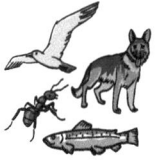

dyr

жывёлы

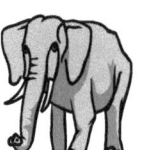

elefant

слон

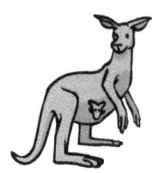

kænguru

кенгуру

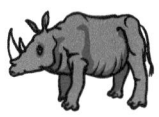

næsehorn

насарог

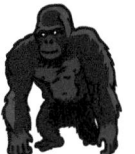

gorilla

гарыла

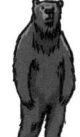

bjørn

мядзведзь

kamel

вярблюд

struds

стравус

løve

леў

abe

малпа

flamingo

фламінга

papegøje

папугай

isbjørn

белы мядзведзь

pingvin

пінгвін

haj

акула

påfugl

паўлін

slange

змяя

krokodille

кракадзіл

dyrepasser

наглядчык заапарка

sæl

цюлень

jaguar

ягуар

pony

поні

leopard

леапард

flodhest

бегемот

giraf

жыраф

ørn

арол

vildsvin

дзік

fisk

рыбак

skildpadde

чарапаха

hvalros

морж

ræv

ліса

gazelle

газель

amerikansk football
амерыканскі футбол

cykling
веласпорт

tennis
тэніс

basketball
баскетбол

svømning
плаванне

ishockey
хакей з шайбай

boksning
бокс

fodbold
футбол

badminton
бадмінтон

atletik
лёгкая атлетыка

håndbold
гандбол

skiløb
горныя лыжы

polo
пола

springe
скакаць

give et knus
абдымаць

grine
смяяцца

gå
iсці

synge
спяваць

drømme
марыць

bede
маліцца

kysse
цалаваць

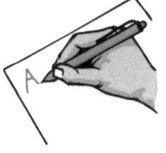

skrive

пісаць

tegne

маляваць

vise

паказваць

skubbe

націснуць

give

даваць

tage

браць

have

маць

gøre

выконваць

være

быць

stå

стаяць

løbe

бегчы

trække

цягнуць

kaste

кідаць

falde

падаць

ligge

ляжаць

vente

чакаць

bære

насіць

sidde

сядзець

tage på

апранацца

sove

спаць

vågne

прачынацца

se på
глядзець

græde
плакаць

ae
лашчыць

kæmme
прычэсвацца

tale
гаварыць

forstå
разумець

spørge
пытаць

høre
чуць

drikke
піць

spise
есці

rydde op
прыбіраць

elske
кахаць

koge
гатаваць

køre
ехаць

flyve
лятаць

sejle

плаваць пад ветразем

regne

лічыць

læse

чытаць

lære

вучыць

arbejde

працаваць

gifte sig med

уступаць у шлюб

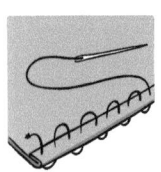

sy

шыць

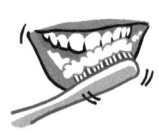

børste tænder

чысціць зубы

dræbe

забіваць

ryge

курыць

sende

пасылаць

familie

сям'я

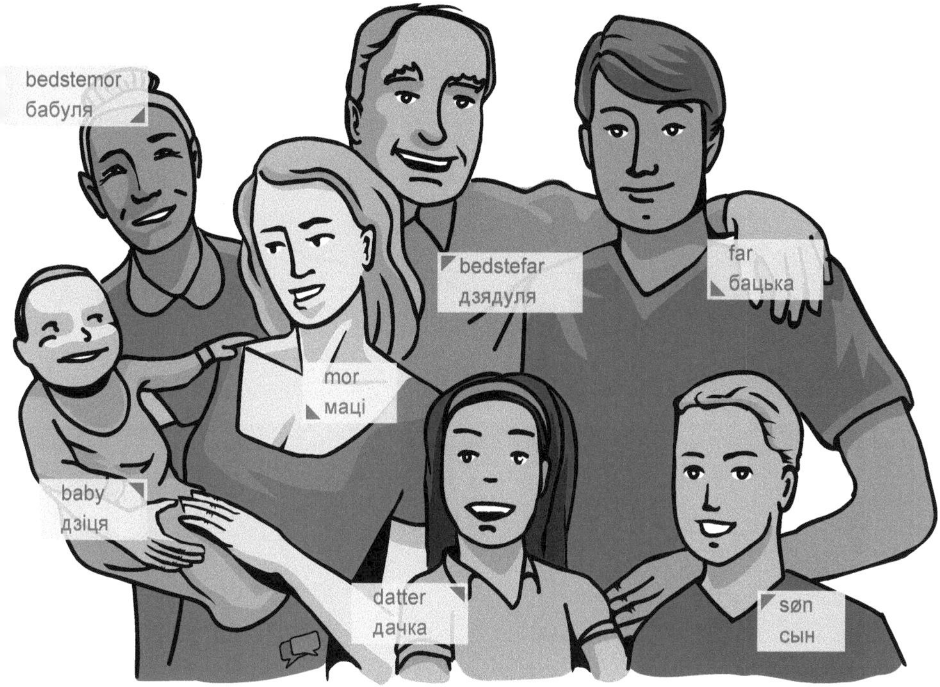

bedstemor
бабуля
bedstefar
дзядуля
far
бацька
mor
маці
baby
дзіця
datter
дачка
søn
сын

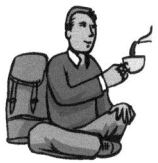

gæst

госць

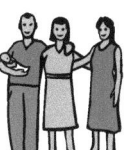

tante

цётка

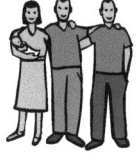

onkel

дзядзька

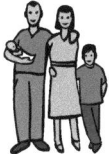

bror

брат

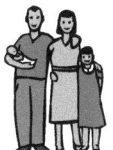

søster

сястра

krop

цела

pande
лоб
øje
вока
skulder
плячо
finger
палец
ansigt
твар
hage
падбародак
hånd
рука
ben
нага
bryst
грудзі
arm
рука

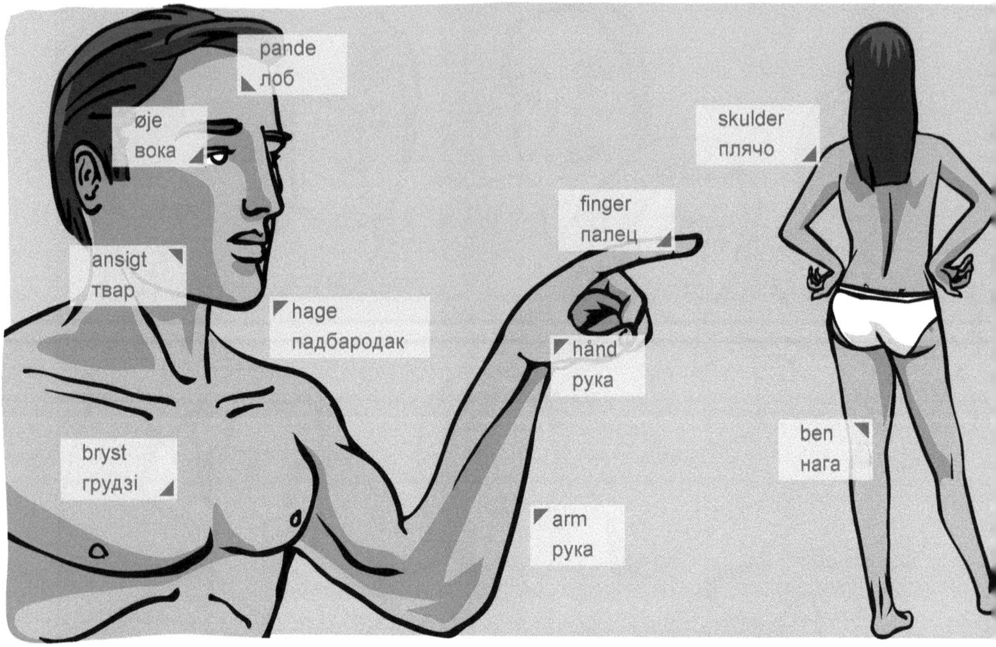

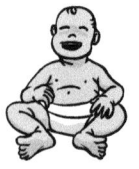

baby

дзіця

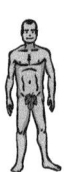

mand

мужчына

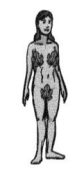

kvinde

жанчына

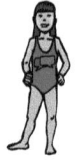

pige

дзяўчынка

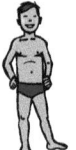

dreng

хлопчык

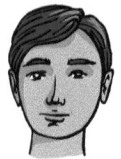

hoved

галава

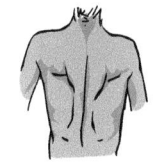

ryg

спіна

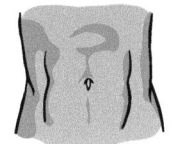

mave

жывот

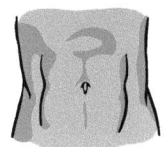

navle

пуп

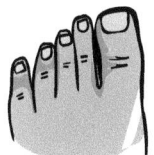

tå

палец нагі

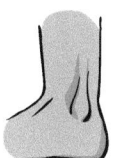

hæl

пятка

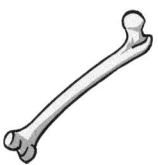

knogle

костка

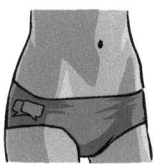

hofte

бядро

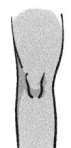

knæ

калена

albue

локаць

næse

нос

bagdel

ягадзіца

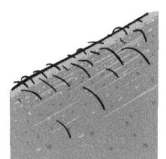

hud

скура

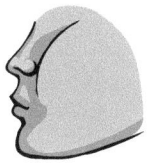

kind

шчака

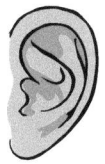

øre

вуха

læbe

губа

mund

рот

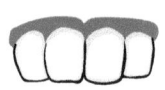

tand

зуб

tunge

язык

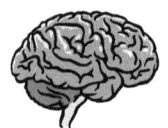

hjerne

галаўны мозг

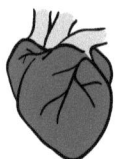

hjerte

сэрца

muskel

мышца

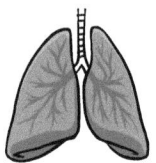

lunge

лёгкае

lever

пячонка

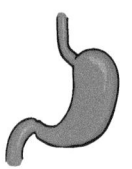

mavesæk

страўнік

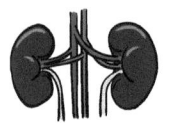

nyrer

ныркі

sex

сэкс

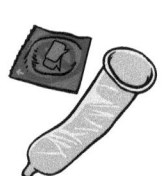

kondom

прэзерватыў

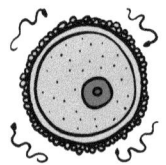

ægcelle

яйцаклетка

sperm

сперма

svangerskab

цяжарнасць

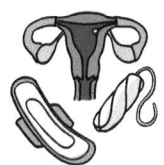

menstruation
менструацыя

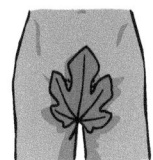

vagina
похва

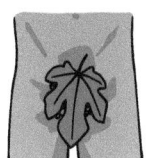

penis
пеніс

øjenbryn
брыво

hår
валасы

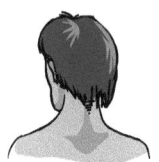

hals
шыя

sygehus
шпіталь

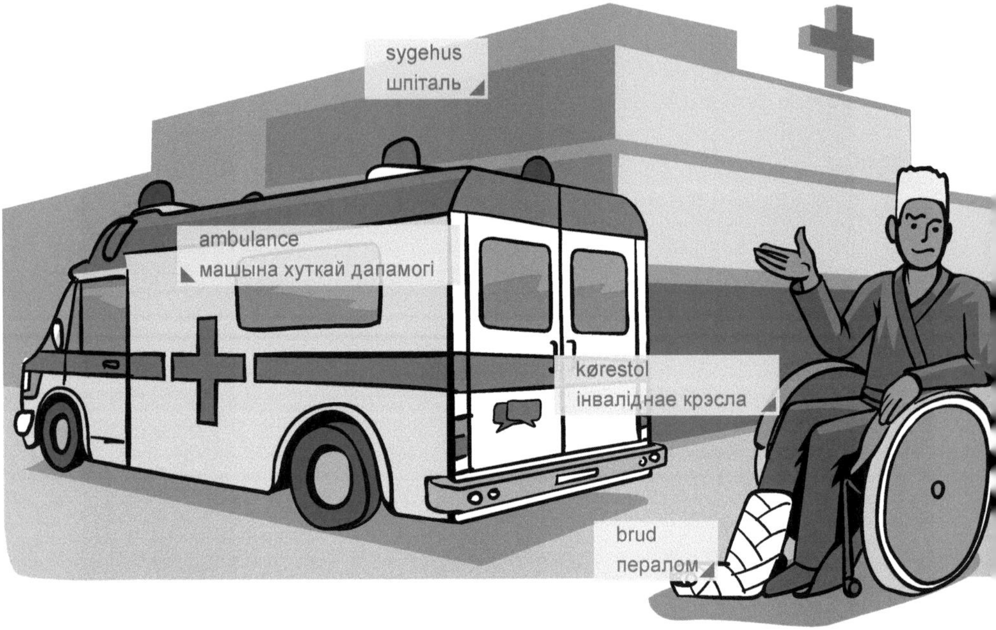

sygehus
шпіталь
ambulance
машына хуткай дапамогі
kørestol
інваліднае крэсла
brud
пералом

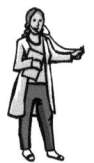

lægе

доктар

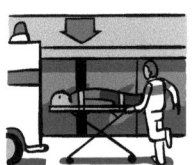

akutmodtagelse

аддзяленне першай дапамогі

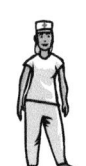

sygeplejerske

медсястра

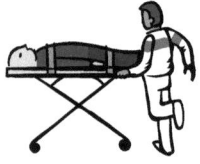

nødstilfælde

экстраная дапамога

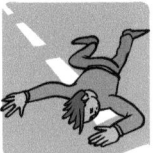

bevidstløs

непрытомны

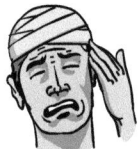

smerte

боль

skade

траўма

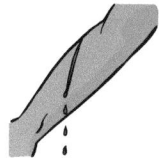

blødning

крывацёк

hjerteinfarkt

інфаркт

slagtilfælde

апаплексія

allergi

алергія

hoste

кашаль

feber

гарачка

influenza

грып

diarré

панос

hovedpine

галаўны боль

kræft

рак

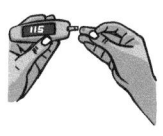

diabetes

дыябет

kirurg

хірург

skalpel

скальпель

operation

аперацыя

CT
KT

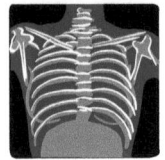

røntgen
рэнтген

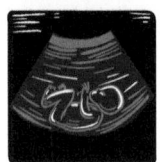

ultralyd
ультрагук

maske
маска

sygdom
хвароба

venteværelse
пачакальня

krykke
мыліца

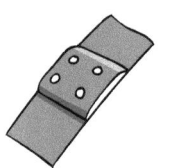

plaster
пластыр

forbinding
бінт

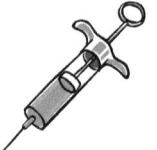

injektion
ін'екцыя

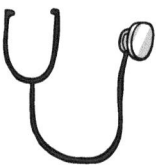

stetoskop
стэтаскоп

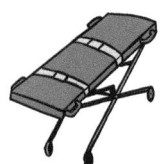

båre
насілкі

termometer
градуснік

fødsel
нараджэнне

overvægt
лішняя вага

høreapparat

слухавы апарат

desinficerende middel

дэзінфекцыйны сродак

infektion

інфекцыя

virus

вірус

HIV / AIDS

ВІЧ/СНІД

medicin

лекі

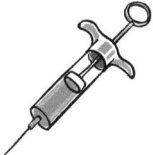

vaccination

прышчэпка

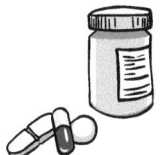

tabletter

таблеткі

pille

супрацьзачаткавая
таблетка

nødopkald

экстраны выклік

blodtryksmåler

танометр

syg / rask

хворы / здаровы

Hjælp!

Ратуйце!

alarm

сігналізацыя

overfald

напад

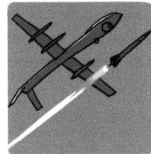

angreb

атака

fare

небяспека

nødudgang

аварыйны выхад

Det brænder!

Пажар!

ildslukker

вогнетушыцель

uheld

аварыя

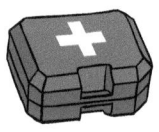

førstehjælps-kuffert

аптэчка

SOS

СОС

politi

паліцыя

Europa

Еўропа

Nordamerika

Паўночная Амерыка

Sydamerika

Паўднёвая Амерыка

Afrika

Афрыка

Asien

Азія

Australien

Аўстралія

Atlanterhavet

Атлантычны акіян

Stillehavet

Ціхі акіян

Indiske Ocean

Індыйскі акіян

Sydlige Ishav

аўднёвы ледавіты акіян

Ishav

Паўночны ледавіты акіян

Nordpol

Паўночны полюс

Sydpol

Паўднёвы полюс

Antarktis

Антарктыда

Jorden

Зямля

land

краіна

hav

мора

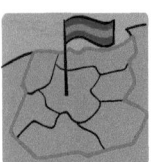

ø

востраў

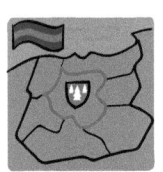

nation

нацыя

stat

дзяржава

urskive

цыферблат

timeviser

гадзінная стрэлка

minutviser

хвілінная стрэлка

sekundviser

секундная стрэлка

Hvad er klokken?

Колькі часу?

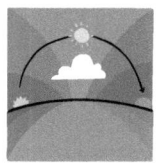

dag

дзень

tid

час

nu

зараз

digitalur

электронны гадзіннік

minut

хвіліна

time

гадзіна

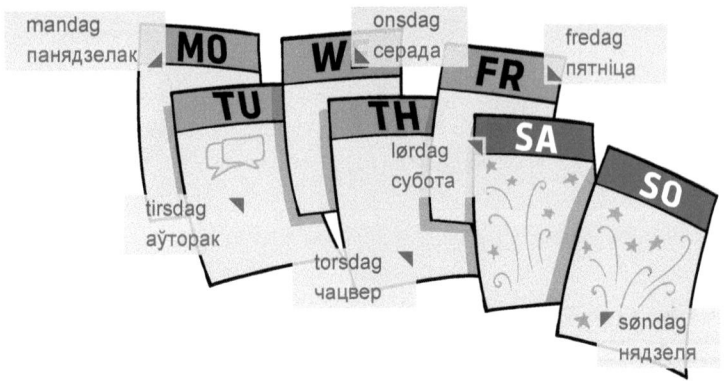

mandag
панядзелак

onsdag
серада

fredag
пятніца

tirsdag
аўторак

torsdag
чацвер

lørdag
субота

søndag
нядзеля

i går
ўчора

i dag
сёння

i morgen
заўтра

morgen
раніца

middag
абед

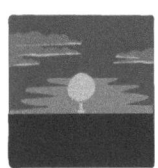

aften
вечар

MO	TU	WE	TH	FR	SA	SU
1	2	3	4	5	6	7
8	9	10	11	12	13	14
15	16	17	18	19	20	21
22	23	24	25	26	27	28
29	30	31	1	2	3	4

arbejdsdage
працоўныя дні

MO	TU	WE	TH	FR	SA	SU
1	2	3	4	5	6	7
8	9	10	11	12	13	14
15	16	17	18	19	20	21
22	23	24	25	26	27	28
29	30	31	1	2	3	4

weekend
выхадныя

år

год

regn
дождж
regnbue
вясёлка
vind
вецер
sne
снег
forår
вясна
efterår
восень
sommer
лета
vinter
зіма

4.APRIL 11°
5.APRIL 4°
6.APRIL 13°
7.APRIL 8°
8.APRIL 10°

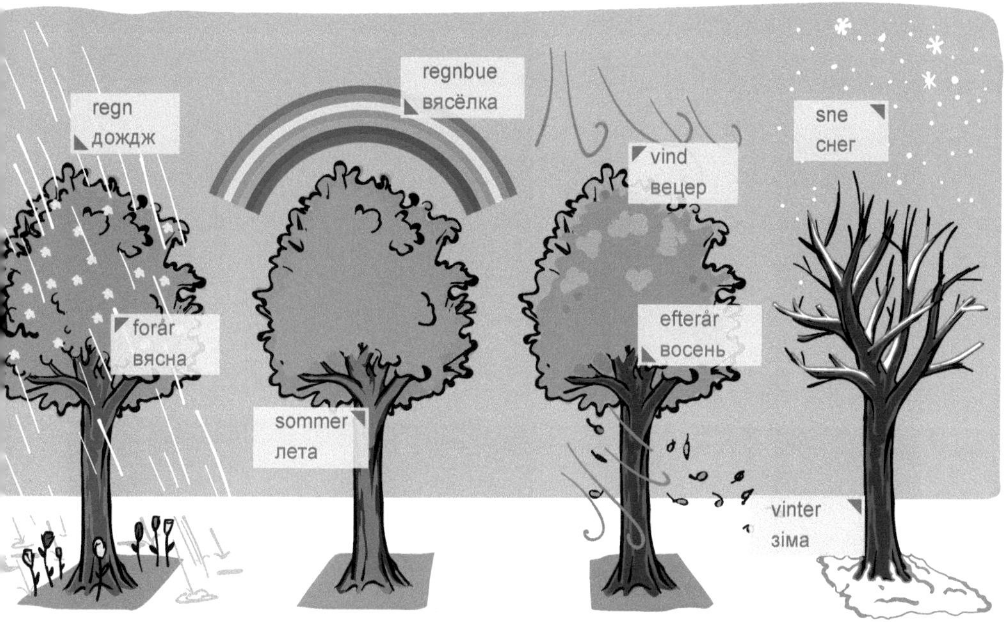

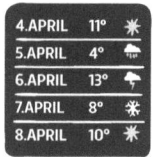

vejrudsigt

прагноз надвор'я

F
C
120
90
60
30
0
-30
40
30
20
10
0
-10
-20

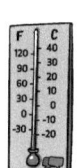

termometer

градуснік

solskin

сонечнае святло

sky

воблака

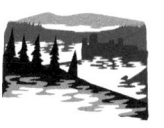

tåge

туман

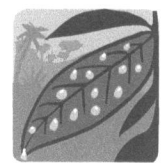

luftfugtighed

вільготнасць паветра

lyn

маланка

torden

гром

storm

бура

hagl

град

monsun

мусонны вецер

flod

прыліў

is

лёд

januar

студзень

februar

люты

marts

сакавік

april

красавік

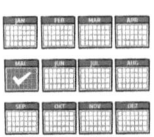

maj

май

juni

чэрвень

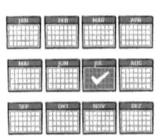

juli

ліпень

august

жнівень

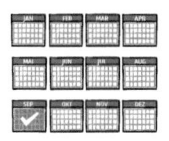

september
....
верасень

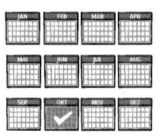

oktober
....
кастрычнік

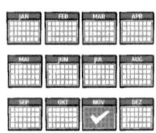

november
....
лістапад

december
....
снежань

former
формы

cirkel
....
круг

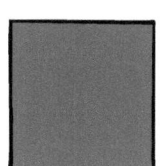

kvadrat
....
квадрат

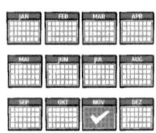

firkant
....
прамавугольнік

trekant
....
трохвугольнік

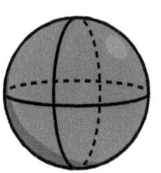

kugle
....
шар

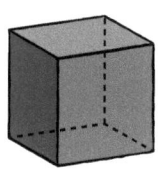

terning
....
куб

hvid

белы

gul

жоўты

orange

аранжавы

pink

ружовы

rød

чырвоны

lilla

фіялетавы

blå

сіні

grøn

зялёны

brun

карычневы

grå

шэры

sort

чорны

meget / lidt

шмат / мала

rasende / fredelig

злы / добры

smuk / grim

прыгожы / брыдкі

begyndelse / slut

пачатак / канец

stor / lille

высокі / малы

lys / mørk

светлы / цёмны

bror / søster

сястра / брат

ren / snavset

чысты / брудны

fuldkommen / ufuldkommen

поўны / няпоўны

dag / nat

дзень / ноч

død / levende

мёртвы / жывы

bred / smal

шырокі / вузкі

spiselig / uspiselig

ядомы / неядомы

vred / venlig

злы / добры

ophidset / kedet

узбуджаны / нудны

tyk / tynd

тоўсты / тонкі

først / sidst

першы / апошні

ven / fjende

сябар / вораг

fuld / tom

поўны / пусты

hård / blød

цвёрды / мяккі

tung / let

важкі / лёгкі

sult / tørst

голад / смага

syg / rask

хворы / здаровы

illegal / legal

нелегальны / легальны

intelligent / dum

разумны / дурны

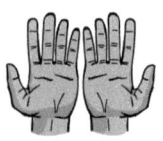

venstre / højre

левы / правы

nær / fjern

побач / далёка

ny / brugt

овы / былы ва ўжыванні

intet / noget

нічога / нешта

gammel / ung

стары / малады

tændt / slukket

укл / выкл

åben / lukket

адчынены / зачынены

stille / højt

ціхі / гучны

rig / fattig

багаты / бедны

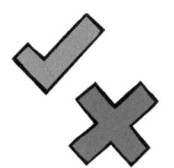

rigtig / forkert

правільна / няправільна

ru / glat

шурпаты / гладкі

ked af det / lykkelig

сумны / шчаслівы

kort / lang

кароткі / доўгі

langsom / hurtig

павольны / хуткі

våd / tør

вільготны / сухі

varm / kold

цёплы / халаднаваты

krig / fred

вайна / мір

0

nul

нуль

1

en

адзін

2

to

два

3

tre

тры

4

fire

чатыры

5

fem

пяць

6

seks

шэсць

7

syv

сем

8

otte

восем

9

ni

дзевяць

10

ti

дзесяць

11

elleve

адзінаццаць

12

tolv

дванаццаць

13

tretten

трынаццаць

14

fjorten

чатырнаццаць

15

femten

пятнаццаць

16

seksten

шаснаццаць

17

sytten

сямнаццаць

18

atten

васямнаццаць

19

nitten

дзевятнаццаць

20

tyve

дваццаць

100

hundrede

сто

1.000

tusinde

тысяча

1.000.000

million

мільён

engelsk

англійская

amerikansk engelsk

англійская (Амерыка)

kinesisk mandarin

кітайская мандарынская

hindi

хіндзі

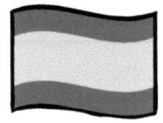

spansk

іспанская

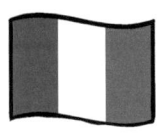

fransk

французская

arabisk

арабская

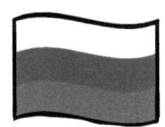

russisk

руская

portugisisk

партугальская

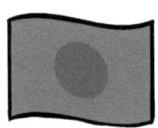

bengalsk

бенгальская

tysk

нямецкая

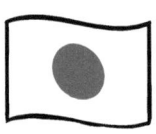

japansk

японская

jeg

я

du

ты

han / hun / den / det

ён / яна / яно

vi

мы

I

вы

de

яны

hvem?

хто?

hvad?

што?

hvordan?

як?

hvor?

дзе?

hvornår?

калі?

navn

імя

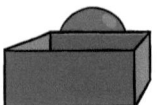

bag

за

i

у

foran

перад

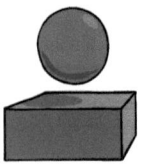

over

над

på

на

under

пад

ved siden af

каля

imellem

паміж

sted

месца